# 世界一わかりやすい

The world's
easiest to understand
Textbook of
Communication

アンジャッシュ
渡部建
Ken Watabe

# コミュニケーションの教科書

きずな出版

# はじめに

こんにちは、アンジャッシュの渡部建です。

私は昨年、芸能界で活躍し続ける超一流の人々から学んだコミュニケーションのコツをまとめた書籍『超一流の会話力』を出し、いろいろな反響をいただきました。

そうしたなかで増えたのが、企業や組織での講演・講義の依頼です。さまざまな業界・業種の人たちにコミュニケーションの技法についてお伝えしてきました。

そのなかで、ひとつ気づいたことがあります。

それは、

「どんな業界・業種であっても、コミュニケーションに関する悩みはどれも同じである」

ということです。

講演や講義が終わったあと、私はいつも参加者のみなさんから質問を集めるのですが、そこで寄せられる質問は、どれも同じものばかりだったのです。

たとえば、

「会話の途中で沈黙が生まれてしまい、間が持たなくなる」

「部下に指示を出しても、うまく指示が伝わらず、動いてもらえない」

「営業活動で、ちゃんとセールスポイントを説明しているのに、なかなかイエスの返事がもらえない」

といったことです。

なぜ、こうしたコミュニケーションの悩みはなくならないのか。

とくにいまは、書店でもさまざまなハウツー本が売られていて、インターネットやYouTubeなどでも、多くのテクニックであふれています。

「答え」なら、たくさん出ているはずなのです。

そこで私が思ったのは、**むしろ「答えが多すぎる」ことに問題があるのではないか、ということ**でした。

私は仕事柄、そうしたハウツー本やインターネット上の情報をほぼすべてを見て回りました。

たしかに、世の中に出回っているコミュニケーションのハウツーには、誰でも使える便利なものもあります。

ただ、その一方で、

「これは本当に、ふつうの人が使えるのか？　ちょっと高度すぎるのは？」

「これはかなり限られたシチュエーションじゃないと、意味がないのでは？」

など、実用性という面で、本当に役に立つものなのか疑問に感じてしまうような情報もたくさんありました。

心理学の研究では、人は選択肢が多くありすぎると、かえって選べなくなるという研究結果もあります。

たくさんの答えがある状況は、一見すると望ましく見えます。

でも、アドバイスがたくさんあり、しかもそのなかに矛盾があったりすると、結局、どのハウツーを用いればいいのかわからなくなります。

私が感じたのは、コミュニケーションのハウツーがあふれているせいで、かえって人々は「コミュニケーションは難しいものだ」という勘違いをしてしまっているのではないかということでした。

**コミュニケーションの問題は、もっともっと、シンプルな方法で解決できます。**

**いくつか、基本的なコツさえわかっていれば、それで十分なのです。**

そこで本書は、私のもとに寄せられた質問から「コミュニケーションの本質的な問題」にフィーチャーし、誰でも本当に実践できる方法だけに絞って、端的にまとめました。

本書はまさに、ありとあらゆるシチュエーションで活用できる、もっともシンプルでわかりやすい一冊になっています。

本書で、コミュニケーションの思い込みから解放され、悩むことがなくなる人が増えることを切に願っています。

Contents

# 第1章 まだ誰も気づいていないコミュニケーションの大原則

ありとあらゆる伝え方で役に立つ秘技「ワクチン・ワード」――16
ワクチン・ワードの効果をさらに高める「ポジティブ・サンドイッチ」話法――20
相づちや目線などの動作はぶっちゃけ、どうでもいい――24
沈黙が生まれたとき、絶対にやってはいけないこと――28
提供してみた話題に相手がまったく乗ってこなかったときの対処法――32
苦手な人と会話しなければいけないときに覚えておきたいこと――36
緊張したときこそチャンスである――40
コミュニケーションの成否は始まる前に決まっている――44

# 第2章

# わかりやすい！といわれる「説明」の超基本

ひろゆき、池上彰…「うまい説明」をする人の共通点――50
「たとえ話」をするときに多くの人が忘れがちなこと――54
なぜ、あなたの話は最後まで聞いてもらえないのか――58
松本人志がやっている「話を短くする」ためのトレーニング――62
「結論ファースト」のロジックに潜む落とし穴――66

第3章

# 説得力が爆上がりする「プレゼン」の奥義


プレゼンを最後まで聞いてもらうために大切なこと――72
番組で実践していた「良さを伝える」ために必要な２つの要素――74
さらにプレゼンの効果がアップする「第３の要素」――78
『行列のできる法律相談所』や『ヒルナンデス』でやっていた最強組み合わせプレゼン術――80
「うまく話そうとしない」という気持ちが大事――84

第4章

# この人と話すと楽しい！と思われる「ホメ」の哲学

「おべんちゃら＝悪いもの」という盛大な勘違い――88
「謙遜の壁」をぶち破るくらいホメなさい――90
謙遜の壁をぶち破る効果抜群の合わせ技――92
秋元康から学んだ「ホメどころ」の見つけ方――94
ふつうにホメるより破壊力抜群な「カゲボメ」の威力――98
「ワクチン・ワード」を使えば、話が盛り上がる――102
「頼み事」がヘタな人は大損する――106
頼み事は「ホメ」といっしょに――110

# 第5章

# どんな人でも絶対ウケる「トーク」の裏ワザ

名前が平凡でも絶対に覚えてもらえる自己紹介――114
どんなオチでもおもしろく感じさせるプロの芸人のワザ――118
トークのプロとアマの決定的な違い――122
島田紳助から学ぶトークがうまくなる最良のトレーニング法――124
あなたの笑顔は、じつは「笑顔になっていない」――128
リスクゼロで笑いを取れるすごい方法――132

# 第6章

# 初対面でも話が弾む「雑談」のルール


あえて「知らないふり」をしよう――138
雑談のヘタな人がやってしまう致命的なミスとは――142
会話のなかで相手の名前を連呼することはいいづくめ――146
「かわいいバカ」というポジションは最強である――150

# 第7章

# アイデアが出る！「ファシリテーション」の成功法則


みんなのアイデアを引き出すための超簡単な方法――156
明石家さんまや有吉弘行が教えてくれる
誰かが発言したら100％やらなければいけないこと――158
会議の目的は「よいアイデア」や「よい結論」を出すことではない――162
ワイドショーの司会者がおこなっている
「話をふるときの名前を呼ぶタイミング」とは？――166

第8章

# 気まずくならない「断り方」のキーポイント


人が断ることを苦手としている根本的な原因――172
断る前に絶対に付け加えるべき一言がある――174
断り文句を「ストック」しておこう――176
うまく断れる人は○○○○を大事にしている――178



デザイン／ライラック
DTP／キャップス
フォトグラファー／榊智朗
イラスト／kiki クリモト


※本書に登場する人物名は一部敬称略とさせていただいております

# 第1章

## まだ誰も気づいていない
## コミュニケーションの大原則

ありとあらゆる伝え方で
役に立つ秘技
「ワクチン・ワード」

多くの人がコミュニケーションにおいて抱えている悩みの代表的なものに「伝え方」があります。

自分の想いを誤解されないように相手に伝えたい。

自分の意図や目的を相手に伝えて動いてもらいたい。

ネガティブなこと、異なる意見をうまく受け入れてもらいたい。

こういった悩みです。

じつは、こうした「伝え方」全般に使える、非常に汎用性《はんようせい》の高い万能テクニックがあります。

それを私は「**ワクチン・ワード**」とよんでいます。

みなさんもご存じのように、ワクチンというのは病気にかかる前に、病原菌を薄めて体内に入れて、体に免疫をつけてくれるものです。

たとえば、インフルエンザワクチンだったら、注射器でインフルエンザウイルスを弱らせたものを体内に入れることで、いざ本物のインフルエンザウイルスが体内に侵入してきても、素早く撃退できるようになります。

ワクチン・ワードというのは、これのコミュニケーション版で、ようするに、**これから伝える内容で相手がどんな感情を抱くのかを予想し、その感情変化のショックをやわらげる働きをもつ言い回しです。**

言い方を変えれば、聞き手に「心の準備してもらう」ということです。

この「心の準備をしてもらう」というのは、コミュニケーションにおいて非常に大切です。よく、「言い方ひとつで結果が変わる」といわれますが、これは要するに、**「相手に心の準備をさせられているかどうかで、コミュニケーションの結果は変わる」**

ということなのです。

## 言いにくいことをいうときは？

ではワクチン・ワードの具体例です。

たとえば、相手の言動にダメ出しをしなければいけないようなときは、

**「ちょっと言いづらいことなんですが……」**

「こんな言い方をしていいか、悩むところなんですが……」

「あえて厳しい言い方をすると……」

というワクチン・ワードが効果的です。

これがあれば、聞いている相手はこの時点で
「あ、これからちょっとよくないことをいわれるんだな」

と心の準備ができます。

なお、ダメ出しではなく、相手と異なる意見・考えを伝える場合には、

「ちょっと違う角度からの意見なんですけど……」

「見当違いからもしれないですけど……」

「これは別の案として聞いていただきたいんですが……」

「○○さんのおっしゃっていることも、もっともだと思うんですが……」

というワクチン・ワードが便利です。

繰り返しになりますが、このワクチン・ワードはコミュニケーションにおいて超万能なので、必ず覚えてください。

# ワクチン・ワードの効果をさらに高める「ポジティブ・サンドイッチ」話法

前項で説明したように、相手にネガティブなことを伝えなければいけないとき、これから伝える内容で相手がどんな勘定を抱くかを予想して、その感情変化に対する心の準備をしてもらう「ワクチン・ワード」は非常に重要です。

このとき、ワクチン・ワードの効果をさらに高める話法に「ポジティブ・サンドイッチ」というワザがあります。

**これは、伝えたいメッセージの最初と最後をポジティブなメッセージで挟む話法です。**

たとえば、会社で、資料作りを頼んだ部下が提出してきたとします。

しかし、その資料がイマイチだったので、作り直してもらいたいとします。

その場合、ワクチン・ワードとポジティブ・サンドイッチを組み合わせると、次のような伝え方になります。

**「期限までに資料を作ってきてくれて、ありがとう。（ポジティブ）**
**でも、ちょっと厳しいことをいうと……（ワクチン・ワード）**
**君ならできると思うから、頼んだよ！（ポジティブ）」**

このポジティブ・サンドイッチの効果は心理学的にも説明できます。

それが「**初頭効果**」と「**ピークエンドの法則**」です。

初頭効果はつまり「最初の印象が大事」というもので、ピークエンドの法則は人の印象はものごとのピークと、最後に強い影響を受けるというものです。

ポジティブに・サンドイッチの話法を使って、最初と最後にポジティブなメッセージを伝えることで、この2つの効果を利用できるということです。

## 最初のポジティブ・メッセージは「ホメ」がお手軽

ポジティブなメッセージというのは要するに「ホメる」ということです。

相手をホメるのは本当にコミュニケーションにおいて大事なことで、本書でも第4章で、「ホメ」だけに特化した章を用意しています。

ホメのコツについてはそちらの章も参考してほしいのですが、ポジティブ・サンドイッチを活用する場合は、必ずしもホメる必要はありません。

**いちばん簡単で、誰にでもできる、もっとも手軽なポジティブ・メッセージは「感謝」**

です。

たとえホメるところがなにも見つからなかったとしても、それでも、相手に感謝を伝えることはできますよね。とくに、最初のほうのポジティブ・メッセージは、相手に対する感謝をまず伝えるのが初歩でしょう。

**たった一言の「ありがとう」ですが、これがあるかないかで、その後の言葉の印象は大きく変わります。**

ワクチン・ワードとともに、このポジティブ・サンドイッチを活用してください。

相づちや目線などの動作は
ぶっちゃけ、どうでもいい

コミュニケーションのハウツー本だと、相づちの打ち方ですとか、ちょっとした動作や目線などの非言語動作を工夫して、相手との会話をスムーズにする手法がいろいろ紹介されていたりします。たとえば、有名なものでは

「相づちは『サ・シ・ス・セ・ソ』で返せ」

というものがあります。「さすが」「知らなかった」「すごい」「センスいいですね」「そうだったんだ」というものです。

ほかにも「はい、はい」と繰り返すのはダメといもいわれたりしますね。

動作の場合、

「相手の目を見ずに、鼻やあごを見なさい」

「真正面に座らず、直角の位置に座りましょう」

「相手と同じ動作（相手が水を飲んだら、自分も水を飲む…ｅｔｃ）をしましょう」

など、いろいろこまかいテクニックがたくさんあります。

**断言しますが、そういった相づちの打ち方のような、いわゆる非言語の部分のこまかいテクニックは、まったく覚える必要がありません。**

## 大事なのは相手にテンションを合わせること

なぜ、こまかいテクニックを覚える必要はないのか。

その理由は、そういうテクニックは効果的な相手や場所が限定されるからです。

ただひとつ、絶対に覚えておくべきことがあるとすれば、それは
「相手のテンションに合わせる」

ということだけです。

「テンションに合わせる」とは、相手の声量や感情、トーンを合わせるということ。

つまり、相手が、

「ちょっと聞いてくださいよ！」

と笑顔で元気よく話しかけてきたら、

「え！　なになに!?」

と笑顔で元気よく大きな声で返せばいいし、

「ちょっと、聞いてくださいよ……」

と落ち込んだ顔で話しかけてきたら、

「え、どうしたの？」

とこちらも神妙な顔で、小さな声で返す。ただ、これだけです。

**大事なのは、相手をよく見て、相手の声と話の内容をよく聞いて、相手のテンションに合わせてこちらも対応することです。**

この「相手のテンションに合わせる」ということさえできていれば、それだけで十分なのです。

# 沈黙が生まれたとき、
# 絶対にやってはいけないこと

人と会話をしていて、ふと沈黙が生まれることはよくあります。

**でも、ここで気まずくなってなにか適当な話題を提供したり、相手が聞きたいと思っていない自分のことを話し始めたりすることを、絶対にしてはいけません。**

これは会話を盛り上げるための行為ではなく、単なる「沈黙を埋めるためだけの行為」だからです。

「沈黙を埋めるためだけの行為」は百害あって一利なしです。

**なぜなら、沈黙を埋めるためだけに自らが話をしだすのは、「会話を奪っている」のと同じだからです。相手が話し出すチャンスを奪っているということですね。**

そもそも、人との沈黙が生まれて気まずさを抱いてしまうのは、あなたのなかに「つまらないやつだと思われたくない」という思いがあるからです。

でも、多くの人はそこで相手が興味のない話、自分の話をし始めたり、つまらない質問をしたりします。むしろ、それによって「つまらないやつだ」と思われてしまうのです。

**つまり、「つまらないやつだ」と思われたくないからした行為が、結局「つまらないやつだ」と思われる原因になってしまうのです。**

これほどバカバカしいことはありませんよね。

ただ沈黙を埋めるためだけの行為は、「相手の話す時間を奪っている」「かつ、つまらないやつだと思われる」という２つの大きなデメリットがあるわけです。

## 沈黙は「いい会話」をつくりあげるために必要なものである

では、相手との会話で沈黙が生まれた場合はどうすればいいのか。

これはカンタンです。

黙りましょう。そして、考えてください。

ここまでの会話を思い出して、相手がどんなことに興味を持っているのか、どんなことを話したいと思っているのか。あるいは、純粋に自分は相手のどんなことを知りたいのか

……についてです。

沈黙したままじっくり考えて、本当に聞きたいことや、新たな「話題のお品書き」（１４３ページ）が提供できそうだと思ったら、そのタイミングで再び会話を始めましょう。

多くの人が抱えている最大の誤解は「絶え間なく続く会話こそが、よい会話である」という認識です。

これは違います。私たちがふだん行っている会話は、テレビドラマのようにあらかじめセリフが決まっているわけではありません。

**だから、沈黙が生まれて、途切れるのが当たり前なのです。**

むしろ、よい会話のためには適度な沈黙が必要だといってもいいくらいです。

沈黙が生まれたとき、その沈黙を埋めるためだけに、聞きたくもないことを質問したり、自分の話をべらべらとし始めるのは、絶対にしないでください。

そして、沈黙が生まれたとき、それは相手も同じように考えている時間でもあります。

大事なのは「自分はあなたとの沈黙に焦っていませんよ」「あなたとの沈黙を、私は別に気まずく感じてはいませんよ」という余裕を相手に与えることなのです。

とはいえ、だからといって仏頂面《ぶっちょうづら》で黙っているのは、やはりよくありません。

**ニッコリと笑顔をキープすること。そのまま、なにを話すべきか、聞くべきか、じっくり考えて会話しましょう。**

# 提供してみた話題に
# 相手がまったく
# 乗ってこなかったときの
# 対処法

いろいろな人と会話をしていると、どうにも相手の反応が悪い場面に出くわすことがあると思います。

たとえば、次のようなパターンです。

「旅行はどこかに行かれたりしますか？」

「いや、旅行は興味ないので、行かないですね」

「あ、そうなんですね」

「…………」

「…………（ヤバい、なにか別の話題を提供しなきゃ……）」

会話がこうなってしまうと、焦りが生まれて、会話がぎこちなくなります。このとき、その質問をなかったことにして、**すぐに別の質問を矢継ぎ早《ばや》に繰り出すのはNGです。**

**そういうときは思い切って「しない理由」を聞いてしまいましょう。**

多くの人は多かれ少なかれ、休日に旅行にでかけますよね。でも、まったく旅行に行かない、興味がないとハッキリいう場合、むしろ「行かない理由」「行きたくない理由」がなにかあるのかもしれません。**つまり、じつはそこに相手の「こだわりポイント」「話し**

**たいこと」が隠れている可能性が高いわけです。**

たとえば、

「旅行なんて疲れるだけじゃないですか。せっかくの休みだから、家のなかでゆっくり自分の時間をすごしたいんですよね」

などと話してもらえるかもしれません。

## 会話の内容はネガティブなものでもいい

この場合、「話題がネガティブな方向になっていいのか」と不安になる人がいるかもしれませんが、まったく問題ありません。むしろ、会話の内容がネガティブであれば、心理学でいう**「カタルシス効果」**が使えます。

カタルシス効果とは、心のなかにあった不平不満などをぶちまけることで気持ちがスッキリする効果のことです。

共通の知り合いを話題にあげて、その人の悪口を言ったり、愚痴を言ったりして盛り上がって、仲良くなることはよくありますよね。「しない理由」で盛り上がるのも、理屈としてはこれと同じです。

このとき、相手の言葉に共感する必要はありませんが、肯定することが大切です。

「連休明けだとすぐに『どこか行きましたか？』って聞いてくる人がいるけど、あれも面倒くさいんですよね」

「たしかに、連休だからって、みんながみんな旅行にでかけるわけじゃないですもんね」

「そうなんですよ。うざいですよね」

**こんなかたちで、相手のネガティブな「しない理由」を肯定することで、「自分のことをわかってくれている」と相手に感じてもらうことができます。**

相手が自分の提供した話題に否定的な対応をしたからといって、すぐに切り上げたり、あるいはネガティブな話題をムリやりポジティブな方向にもっていこうとはしないようにしましょう。

相手がネガティブなことを話してカタルシスを得たがっているなら、そのまま話をしてもらったほうがいいのです。

苦手な人と会話しなければ
いけないときに
覚えておきたいこと

どんな人でも、嫌いな人や苦手な人がいるでしょうし、そうした人とコミュニケーションをせざるをえないときもあるでしょう。

そういうときは、

**「なぜ自分はこの人が好きじゃないんだろう」**

と分析してみてください。

そして、その理由がわかったら

**「自分はこういうことは言わないようにしよう」**

など、反面教師にするのです。

**これができると、嫌いな人、苦手な人との会話が有意義なものになります。**

実際、私はそういう人と話をするのがけっこう好きです。

そういう嫌な人の話を聞くほうが、芸の肥やしになるからです。

たとえば、

「こういう口調や、こういう仕草は嫌われるんだな」

とわかると、それをキャラにしたり、ネタにできます。

## ゲームのモンスターを攻略するように相手を観察する

また、苦手な人との会話をこのように捉えられると、その人との会話を楽しくできます。いってみれば、「モンスターの攻略法」を学ぶようなものに近いかもしれません。

ゲームをよくする人なら、攻略サイトなどを見たりすることがあるかもしれません。そういうサイトには、ゲーム中で戦うことになるモンスターや敵キャラクターの行動パターンが紹介されていて、どうすれば倒せるかが解説されています。

**苦手な人と会話するときは、そんなふうに、相手の言動のパターンを読み取り、攻略法を学んでいくような捉え方をしてみてください。**

そのように、相手を分析するような視点で会話に臨むと、

「なるほど、こういう言い方をするとこう反応するんだな」

「こういう言い方をしたあとは、必ずこういう話になるな」

といった具合に、だんだん相手のパターンが見えてきます。

また、パターンがわかれば、今後同じようなコミュニケーションを取ってくる相手に出会ったときにも応用できるかもしれません。

**大事なのは、「自分の感情」と「眼の前で起きていること」を切り離すことです。**

たとえばネガティブなことばかり言う人、すぐに怒り出す人とコミュニケーションをしていると、いい気持はしないかもしれません。

でも、「あ、ここできっとまたネガティブ発言が出るな」とか「あ、こんな事が起きたら、この人また怒るだろうな」とパターンから相手の言動をゲームのように予測できると、感情と現象を切り分けることができるのです。

**どうしても嫌いな人の話を聞いたり、つまらない話を聞いたりしないといけない状況にあるのであれば、せめてその時間が有意義なものになるように工夫したほうがおトクです。**

そんなふうに考えることができれば、どんな人との会話でも、なにかしら学ぶことがあり、自分の糧《かて》にできることでしょう。

緊張したときこそ
チャンスである

人前で話をするときに緊張してしまう人は少なくありません。

でも、緊張すること自体はさほど悪いことではありません。なぜなら、緊張するのは、それだけ「しっかり伝えたい」という意気込みの表れでもあるからです。

**ただ、「緊張を隠そうとする」のはダメです。これは絶対にやめてください。**

なぜなら、緊張を隠そうしているのは、聴衆に必ず伝わります。そして、そうした姿こそが、じつは相手に最もみっともなく映るからです。

緊張している人が緊張を隠そうとしている様子は、いちばん見ていられないものです。

緊張に対する最善策は、カミングアウトしてしまうことです。

たとえば、人前に立って直ぐに自分が緊張していることに気づいたら、話を始める前にまず、

**「すみません、ふだん、あまり人前でしゃべる機会がなくて、とても緊張しています」**

などと、**自分が緊張していることを打ち明けましょう。**

もし、話している途中でアクシデントが起こったりして、急に緊張感が湧いてきたりしたら、その瞬間に、

「すいません、ちょっといま、頭が真っ白になりました」

「すいません、いま、話が取っ散らかっちゃいました」

などと、自分の心情を口に出してしまうのです。

私だったら、大きな会場でたくさんの人の前で話さなければいけないというときなど、100％緊張すると事前にわかっている場合なら、「今日は緊張しています」という文言を最初からトークの台本に組み込んでおいたりします。

## 緊張やアクシデントを追い風にする

そもそも緊張しているのは「相手を大切な人だと思っている」「この人の前で恥をかきたくない」という気持ちがベースにあります。

**だから、緊張していることを相手に伝えることにまったくデメリットはありませんし、ムリに緊張しないようにがんばる必要もないのです。**

ちなみに、明石家さんまさんは「緊張しない」と言います。

というのも、緊張は、「自分が持っているもの以上のことをしようとしている状態」だからです。

つまり、「自分の実力はこんなもんだ」とあまり自分に期待しすぎなければ、大勢の人の前であっても緊張はしないというロジックです。

あるいは、欽《きん》ちゃんなどは、普通の人だったら頭が真っ白になってしまうようなアクシデントを「活用する」方向に考えます。

たとえば、コントの最中にハチが乱入してきたら、慌《あわ》ててネタどころではなくなるのがふつうですよね。でも欽ちゃんの場合はとっさに、このハチをうまく使ってもっと笑いを取れないのかと考えるわけです。

「ピンチこそはチャンスである」という発想をそもそも持っているからこそ、アクシデントが起きても慌てないわけですね。普通の人がなかなかこの感覚をもつのは難しいかもしれませんが、**緊張やアクシデントを好意的に捉えることも大切です。**

# コミュニケーションの成否は始まる前に決まっている

「部下にアドバイスをしても、まったく響いている様子がない」
「上司がまったく自分の提案を受け入れてくれない」
「チームメンバーが自分の指示に従ってくれない」

こうした悩みはよく受けます。

そんなとき、私が伝えるのは、「コミュニケーション以前の問題」についてです。

これはそもそもの話になってしまうのですが、**じつはコミュニケーションの大部分は、コミュニケーションが始まる前の段階でかなり結果が決まります。**

これは、どれだけコミュニケーションのテクニックを身につけても覆《くつがえ》せないものになります。

コミュニケーションの成否《せいひ》は、コミュニケーションが始まる前に、**どれだけ相手に対する「信頼ポイント」を蓄積しているかが影響を与えるからです。**

たとえば、まったく同じ言い方で部下を注意しても、信頼ポイントが十分貯まっている上司と、そうではない上司がいた場合、部下がその注意をどれだけちゃんと受け止めるかは、まったく違うものになってしまうのです。

ふだんから部下の仕事をしっかり見ていて、「前より仕事が早くなったね」など、部下の変化・成長に気づいて、適度にコミュニケーションをとっている上司であれば、注意をしたとき、素直に聞いてくれるでしょう。

**しかし、ふだんからほとんどコミュニケーションをとらず、自分の話をろくに聞いてもくれないような上司から注意をされても、素直に受け取ろうとは思わないはずです。**

あるいは、たとえば奥さんに「今度の日曜、ゴルフに行きたい」といってOKを得られる人と、NGをくらう人の差も、これです。

ふだんから家事に積極的に参加したり、ねぎらいの言葉をかけたり、お土産などを買って奥さんからの信頼ポイントが十分に貯まっている人であれば、お願いが許される可能性が高まるわけですね。

## コミュニケーションはポイ活のようにやればうまくいく

最近は「ポイ活」といって、買い物のときなどに付与されるさまざまなポイントを集めている人も多いと思いますが、人間関係の信頼性もこれに似ています。

私はこれを**「ポイ活的コミュニケーション」**とよんでいます。

ほかの人になにか協力してほしいとか、自分の提案を受け入れてほしいなど、相手を動かす場合のコミュニケーションでは、いかに常日頃からこうした「信頼ポイント」をためているかが、コミュニケーションのテクニックを学ぶ前に重要になります。

**もし、特定の人をどうにか動かしたいと考えているのであれば、その前の段階からポイントを貯めるように意識する。**

そのために相手の話をよく聞いたり、しっかり観察することが必要になりますが、それらがすべて回り回って、自分のコミュニケーションを円滑にするための役に立つ、と考えれば、いい意味での利己的な動機で、日頃の行動を変えられるはずです。

# 第2章

わかりやすい！といわれる
# 「説明」の超基本

# ひろゆき、池上彰…「うまい説明」をする人の共通点

いまの時代、「わかりやすい説明ができるか」が、直接その人の評価につながることが少なくありません。

どれだけすばらしいビジネスのアイデアを思いついても、それをまわりの人に伝えられなければ、実現することは難しいですよね。アイデアは実現させることで初めて意味を持ちますから、それだけ「うまく説明できる」ことが大切であるということです。

**では、どうすればわかりやすい説明ができるのか。それが「シンプルな言葉を使う」ということです。**

たとえば、「2ちゃんねる」の創設者であり、テレビやインターネットで大活躍しているひろゆきさん。

彼のもとには視聴者から多種多様な質問や悩み事が寄せられますが、どんな質問が来てもひろゆきさんはわかりやすく説明して、見ている人たちを納得させてしまいます。

そんなひろゆきさんは現在フランスに在住しているのですが、おもしろいことを話していました。フランスに在住して、日常生活でフランス語ばかり使っていると、当然、日本語の語彙《ごい》力が落ちてきます。

でも、そんなふうに日本語のボキャブラリーが減ってから、むしろ自分の説明はわかりやすくなったといっているのです。

**つまり、込み入った言葉や難しい日本語をまったく使わなくなったからこそ、結果として誰にでもわかりやすい言葉だけで説明するクセがついたということですね。**

実際にひろゆきさんは、わかりやすい説明をするコツとして「中学生でもわかるように話す」ということを伝えています。

これと似ているのが、テレビで人気のニュース解説者、池上彰さんです。

池上彰さんといえば、政治や経済など、難しい事柄をわかりやすく解説してくれる人として、テレビ番組で引っ張りだこです。

そんな池上彰さんは、もともとＮＨＫの「週刊こどもニュース」という番組で、お父さん役として長年出演していました。その番組のなかで、小学生の子どもでもわかるように、その週に起きたさまざまなニュースを解説する仕事を続けていたのです。

池上彰さんもまた、「子どもでもわかるように話す」というクセが染み付いているからこそ、政治や経済にくわしくない人々でもわかるように、それらのことをうまく説明する技法を身につけることができたのです。

## あなたの話は6歳児でも理解できるか？

ひろゆきさん、池上彰さんの事例からわかるように、「わかりやすい説明」をするうえでとても大事なのが「シンプルでわかりやすい言葉を使う」というものです。

でも、そのためには、自分が説明しようとしていることについて、しっかり理解していないといけません。相対性理論を提唱した天才物理学者・アインシュタインは、このような名言を残しています。

「6歳の子どもに説明できなければ、そのことを理解したとはいえない」

まずは、自分が説明しようとしている事柄について徹底的に理解する。

このプロセスを経て初めて、6歳の子どもでも理解できるようにシンプルな言葉だけで説明できるようになるのです。

# 「たとえ話」をするときに多くの人が忘れがちなこと

説明がうまいとされている人たちが、まず間違いなく使っている鉄板のテクニックがあります。それが**「たとえ話」**です。

アインシュタインはあるとき、自分が提唱した相対性理論とはどういうものかと人に聞かれたとき、次のように答えたとされています。

「熱いストーブの上に手を置いたら、1分が1時間のように感じられるでしょう。でも、きれいな女性の隣に座っていたら、1時間が1分のように感じられるはずです」

相対性理論というのは要するに、時間の流れるスピードは一定ではなく、相対的（ほかとの関係性によって決まる）なものであるということです。

でも、これだけだとほとんどの人は理解できないので、ストーブと女性のたとえを使うことで、直感的に理解できるように話をしたわけです。

もちろん、「たとえ話が効果的」はどのコミュニケーション本でも書いてあることなので、目新しさは感じないでしょう。ただ、ここでとても大事なことがあります。それは、**たとえ話は相手に合わせてチューニングしないと効果を発揮しないということです。**

チューニングというのは、楽器の音程を調整したり、あるいは古いラジオの周波数を合わせたりすることを指します。つまり、たとえ話をするときには、聞いている相手の年齢や性別、性格などに合わせたものにしないと効果を発揮しないということです。

## たとえ話は相手に合わせて調節すべし

たとえば、インターネットをまったくふだんの生活で使わない高齢の方にYouTubeというサイトを説明するなら、

「誰でも無料で、自由につくれるテレビ番組が集まったもの」

というたとえが使えます。パソコンやスマホを使わなくても、テレビを見ない人はいないだろうと考えられるからです。

あるいは小学生の子どもに「法律と条例」の違いを説明するなら、

「法律は校則、条例はそれぞれのクラスで独自に決めたルール」

というようにたとえると、わかりやすくなります。

子どもたちがふだん法律に触れる機会はありませんが、学校には毎日通い、そこのルー

ルには従っているわけですから、学校の出来事に置き換えると理解しやすくなるのです。また、私の場合、サッカーや野球などにたとえて説明することもよくあります。男性が相手だと、そういうスポーツに興味関心がある人が多いからです。

たとえば、前著『超一流の会話力』でも書きましたが、会話では「聞き上手」になることが大事です。そのためには、相手の話を「いかに展開させないか」が大事になります。

相手が「今日来る途中、雨に降られて濡《ぬ》れちゃったんです」といったら、「あ、雨に降られて濡れちゃったんですか」とだけ答えるのです。その際「そういうときのために、折り畳み傘をもってたほうがいいですよ」などと言ってはいけない、ということですね。

これをスポーツにたとえると、

「相手から会話のパスを受けたらパスで返しましょう。決して、そこからシュートしようとしてはいけません。そうしたら会話が終わってしまいますから」

というような表現になります。

相手の年齢や属性に応じて、どういうたとえをすればわかりやすく伝えられるか。それを考えて話すようにしてみてください。

なぜ、あなたの話は
最後まで聞いて
もらえないのか

よく「話を最後まで聞いてもらえない」という人がいます。

まず知ってほしいのは、**「そもそも人の話を聞くのは苦痛である」**という事実です。

学生時代、校長先生の朝礼の話を聞くのが好きだったという人はいないでしょう。一方的に相手の話を聞くのはストレスになるものです。

そしてこのとき、さらに相手に負担をかけてしまう場合があります。

それが「終着点の見えない話を聞かされる」ケースです。

あなたも「一体この人は、なにがいいたいんだろう」と思いながら相手の話を聞かざるをえないことがあると思います。そんなときは、ふつうに相手の話を聞くよりももっと疲れますよね。

**こうした事態を防ぐために大事なのが、「話に見出しをつける」テクニックです。**

要するに、具体的な話を始める前に、「これからこんな話をしますよ」というものを端的に相手に伝えておくということです。いまの時代は、とくにこの「見出し」の重要性が高まってきています。

たとえば、いまどきのテレビ番組やYouTubeでは、コンテンツの冒頭に、そのコンテンツのなかでいちばんおもしろい部分や伝えたいところを取り出したものを流します。これを「アバン」といったりします。

このアバンの作り方は、だいぶ変わってきました。

昔であれば、テレビ番組ではいちばんおもしろいシーンはできるだけ出さないようにしていました。

でもいまは、その番組のいちばんおもしろいシーンをバンバン見せていきます。そうしないと、なかなか視聴者のみなさんに食いついてもらえないからです。

## 相手に求めるリアクションを最初に提示しておく

会話に見出しをつけるとは、人になにかを説明するときに、このような「アバン」をつくろうということです。

といっても、別に相手におもしろがられるような奇抜なキャッチコピーやタイトルなどをつける必要はありません。

大切なのは、「この話を聞いたあとに求めるリアクション」です。

たとえば、

「ちょっと相談したいんですが……」

「ちょっと○○さんのご意見いただきたいんですが……」

という見出しをつけてから話を始めれば、聞き手は話を「どんな意見をいうか」を念頭に置きながらあなたの話を聞けますよね。逆に、

「これは参考程度に聞いていただければいいんですが……」

「これはまあ与太話に近いですが……」

などと前置きしておけば、そこまで集中して聞いてくれなくてもOKというふうに相手にリラックスしてもらいやすくなります。

このように、最初に相手に求めるリアクションを提示する「見出し」をつけるだけでも、聞き手のストレスを軽減させ、自分の話を聞いてもらいやすくなるのです。

# 松本人志がやっている「話を短くする」ためのトレーニング

説明がわかりにくいといわれる、あるいは説明を最後まで聞いてもらえない人の話には、ひとつの共通点があります。

**それは「話が長い」ということです。**

前項でお話したように、そもそも人の話を聞くのは相手にストレスを与えることにほかなりません。

であれば、説明や話は、必要以上に長くしてはいけないのです。

では、なぜ説明がヘタな人は話が長くなってしまうのか。

それは、「自分が話すことをきちんと整理できていない」からです。

**自分が話したいことの要点や筋道をしっかり整理できていれば、自然と「話さないといけないこと」「話さなくてもいいこと」がわかります。**

そうすると、相手の知識や場面に応じて、自分の説明を長くすることも、短くすることも自由にできるようになります。

これができるのが「説明のうまい人」なのです。

## 紙芝居化することで話の要点をつかむ

**話の内容を整理するトレーニングとして効果的なのが「既存の物語を紙芝居化する」というものです。**これもダウンタウンの松本人志さんがお話していたことです。

たとえば、童話の「桃太郎」を5枚の紙芝居にしなさいといわれたら、みなさんはどのシーンを選んで5枚にまとめるでしょうか。

たとえば私だったら、次のような5枚にしてみます。

【1】おばあさんが川で大きな桃をひろう
【2】桃のなかから男の子が生まれる
【3】成長した男の子が旅に出かける
【4】犬、猿、雉《きじ》と出会い、ともに旅をする
【5】鬼を退治して宝を手に入れる

これができたら、次はさらにこの内容を「3枚」にまとめてみましょう。

その場合、私だったらこんな3枚になります。

【1】桃のなかから男の子が生まれる

【2】犬・猿・雉と出会い、ともに旅をする

【3】鬼を退治して宝を手に入れる

この要約のしかたに、とくに正解はありません。人によってはいちばん伝えたいところが異なるからです。たとえば、「どうしても鬼と戦うシーン」と「最後に宝を手に入れるシーンは分けたい」のであれば、それでもOKです。

もちろん、童話でなくてもかまいません。たとえば、おもしろかった小説や映画のあらすじを、同じように5枚の紙芝居にまとめようとするのもいいでしょう。

**こうしたトレーニングを通じて「話の要点」をつかむことができると、自分の話したい内容でも「話すべき箇所」と「話さなくてもいい箇所」が区別できます。**

すると、必要に応じて話を短くすることができるのです。

# 「結論ファースト」の
# ロジックに潜む落とし穴

いまの時代、コミュニケーションの速度が、かつてよりはるかにスピードアップしています。

スマホを持つのが当たり前になり、どんな人でもすぐに連絡が取れるようになりましたから、ＬＩＮＥの返信が5分、10分で返ってこないだけで不安になる人もいるでしょう。

そうした時代のコミュニケーションにおいて大切だとされているのが、「まず結論から伝えよう」という「結論ファースト理論」です。

私もこのこと自体には別に反対しません。

前項で説明した「話に見出しをつける」というのも、いわばこの結論ファースト理論の重要性について述べているわけですから。

ただし、最近は「話を短くしよう」「結論を伝えよう」という意識ばかりが先行して、報告や連絡などの場面で、本当に「結論だけ伝える」というケースが多くなっています。

ここが間違えてはいけない、覚えておいていただきたいポイントですが、**報告や連絡などの場合、結論を伝えることと同じくらい、そこにいたるまでのプロセス（過程）をセットにして伝えることが大切になります。**

なぜなら、結論だけを端的に伝えても、それだけではその後どうするべきか、判断する材料を相手に与えられないからです。

**結論を先に伝えるのは大事だけど、それだけではダメなのです。**

## そもそも説明は何のために行うのか

たとえば、あなたがウォーターサーバーのセールスパーソンだとします。

そんなとき、上司に「今日は契約を取れませんでした」と結論だけ伝えるのでは、報告としては不十分です。

これだけいわれても、上司からすれば「ダメじゃん。もっとがんばれよ」くらいしか答えられません。

一方、結果とともにプロセスも報告すると、たとえば次のような言い方ができます。

「今日は新規の契約が取れませんでした。ただ、興味を持ってくれる方も半数くらいはいて、パンフレット等はお渡しできました。次の週末、同じお宅に再度訪問して、もう一度お話してこようと思っています」

こちらのほうが、上司からの評価は高くなります。

なぜなら、こちらは仕事の結果だけではなく、

・なにができたのか

・次になにをしようと考えているのか

もわかるからです。

**相手になにかを説明したり報告したりする場合、大切なのは「その後どうするか」を判断するための材料を相手に提供することです。**

結論だけではその材料として不十分なので、結論・結果を伝えたあとに、その経緯もセットにして伝えることを意識してください。

# 第3章

## 説得力が爆上がりする「プレゼン」の奥義

# プレゼンを最後まで
# 聞いてもらうために
# 大切なこと

プレゼンのようにまとまった時間を一方的に自分がしゃべるシーンだと、途中から聞き手の意識がだれてきてしまうことはよくあります。

相手の意識がだれたまま話をし続けても、人々の印象には残りません。

**なぜ、プレゼンの途中から人々の関心が薄れていってしまうのかというと、話し手が「聞き手の心情を置いてけぼりにしている」からです。**

それを防ぐために効果的なのが、**「感情先回りフレーズ」**と私が呼んでいるものです。

これはある意味、「ワクチン・ワード」の派生系といえます。

たとえば、

「『いまさらそんな話？』と思われるかもしれませんが……」

「『自分には関係ない』と考えている人もいるでしょうが……」

「『本当にそんなうまい話があるの？』と思った方もいると思うんですが……」

このように、いま聞き手の人たちが抱いているだろう不安、疑問を先に吸い上げることで、**聞き手に「そう、まさにその通りなんだよ」「この人はちゃんと、私たちのことをわかってくれている」という安心感を与えることができます。**

# 番組で実践していた「良さを伝える」ために必要な２つの要素

私はかつて、番組のなかで「ホメ渡部」というコーナーを持ち、そこでいろいろな企業の商品をホメまくりながらプレゼンするということをしていました。

そこで気づいたのが、自分がオススメしたいものの良さをしっかり相手に伝えるためには二つの要素をセットにしないといけない、ということです。

その二つが

・**強み（メリット）**
・**恩恵（ベネフィット）**

です。

プレゼンがヘタな人は、このどちらか片方しか伝えられていません。

たとえばカメラを紹介する場合、

「このカメラにはジャイロ機能を備えています」

「この水は富士山の麓《ふもと》でつくられました」

と**強みだけを説明されても、「だからなに？」という感じになりますよね。**これでは、このカメラを買おうとは思えません。

逆に、

「このカメラは手ブレしにくいです」

「このお水はおいしいです」

と恩恵だけ説明されても、「なんで手ブレしにくいの？」「なんでこの水はおいしいと断言できるわけ？」というような疑問が残りますよね。

このように疑問が残ったままだと、やっぱりなかなか買うという行動には移りにくくなってしまうのです。

## 二つはセットにすることで意味をもつ

強みと恩恵は大事な要素なのですが、二つをセットにして組み合わせることで、相手の行動を変えるくらい強い意味をもつようになります。

いまの二つの例では、

「このカメラはジャイロ機能を備えているので、誰が使っても手ブレにしくいです」

「このお水は富士山の麓でつくられたので、おいしいです」

となります。

前項でも説明したように、プレゼンで最も大切な原則は
**「聞き手の不安を吸い上げること」**

に尽きます。

**強みと恩恵をセットにして伝えることは、聞き手の不安・疑問を解決するために必要な要素なのです。**

# さらにプレゼンの効果がアップする「第３の要素」

「強み」と「恩恵」は、どんな相手が聞いているのかによって、どう伝えるべきかが変わります。**相手の要望（リクエスト）を満たす「強み&恩恵」を選ぶべきなのです。**

たとえば、一眼レフカメラの「ジャイロ機能で手ブレしにくい」という「強み&恩恵」を、より聞き手の「要望」にマッチさせる例で、ほかにはどんなものがあるでしょうか。

たとえば、相手が小学生のお子さんがいる親御《おやご》さんであれば、

「このカメラはジャイロ機能を備えているので、お子さんの運動会を撮影するときでも、手ブレしにくく、きれいなお子さんの写真を残せますよ」といったプレゼンができるようになりますよね。

**私が飲食店を紹介するときも、「強み」「恩恵」「要望」の3つを考えて、相手に合わせてオススメするお店を選びます。**たとえば、お肉が好きだけど最近体重が増えていることを気にしているAさんにお店を紹介するなら、こんな感じです。

「Aさん、ジンギスカンのこのお店はどうですか。羊肉の脂が溶け始める温度は、ヒトの体温より高いので、腸で脂が溶けず吸収されることなく、体外に排出されるんです。おいしいのに太りにくい。とてもオススメなんです」

「強み&要望」を伝えるときには、相手の要望を考えてから選ぶようにしましょう。

# 『行列のできる法律相談所』や『ヒルナンデス』でやっていた最強組み合わせプレゼン術

人になにかを提案したり、オススメしたりするときには、当然ながら紹介するモノの良いところを伝えるわけですが、ここでもコツがあります。

**それは「主観」の情報と「客観」の情報をどちらも盛り込む、ということです。**

これがどちらか片方だけになってしまうと、一気に説得力が弱くなります。

たとえば、知り合いに美味しい焼肉屋を紹介するケースを考えてみましょう。

主観だけだと、

「この焼肉屋さん、めっちゃおいしかったです。いままで食べた焼肉屋のなかでダントツ一位でした」

というふうになります。

これだと、熱意はある程度伝わるかもしれませんが、実際にその焼肉屋がおいしいのかどうか、ちょっと不安ですよね。この人がどれだけたくさんの焼肉屋に行っているのか……つまり、どれだけ舌が肥えているのかがわからないから、この人の主観だけでは信用できないわけです。

一方、客観だけだと次のようになります。

「この焼肉屋さん、食べログで星4つあるんですよ。A5ランクの黒毛和牛だけを使っているんです」

この場合、事実を並べているだけで、「それがおいしいのか」というのが伝えられていませんよね。

飲食店の紹介ならまだいいかもしれないですが、私は『行列のできる法律相談所』という番組で、自分が出演していない映画の宣伝をプレゼンすることがよくありました。

そんなふうに、見た映画を紹介するとき、たとえば主演俳優の名前とか、興行収入とか、ランキング情報とか、そういう客観的事実だけを伝えると、なんだか配給会社の回し者のようで、言っていることがウソくさくなってしまいます。

## プレゼンでは使えるものはすべて使う

プレゼンや紹介のときは、**「使えるものは全部使う」**というのが鉄則です。

客観的事実をできるだけ多く集め、**客観的事実（インフォメーション）から主観的意見**

**（エモーション）まで、盛り込めるものをすべて盛り込みましょう。**私は、番組のなかで映画を紹介するときは、そういう戦略でやっていました。

たとえば、こんな感じです。

「この映画、原作コミックスが累計300万部も売れている超人気作品なんですね。しかも主演を務めているのは、総フォロワー数が1000万人以上いる、若い人たちに超人気のモデルさん。で、内容は高校生たちの青春ラブコメディなんです。そういう内容なので、正直、50歳のおじさんなんかが見てもどうかなあと最初は半信半疑で見始めたんですが、ストーリーのテンポが良くてぐいぐい引き込まれましたね。クライマックスであんなに泣くとは、ちょっと自分でもびっくりしました」

この場合、最初は客観的な数字を並べつつ、最後は自分の主観的な感想を組み合わせていますね。プレゼンや紹介を行うときには、この二つの視点を取り入れることが大事になります。

「うまく話そうとしない」
という気持ちが大事

人前で話をするときに緊張しやすい人は、「うまく話そう」と考えます。

**でも、この「うまく話そう」という気持ちこそが諸悪の根源です。**「うまく話そう」は、思考の方向性が「自分」に向かっています。「自分が恥をかきたくない」「自分のプライドを守りたい」という自己保身からくる考え方なのです。

でも、大事なのはそこではありません。たとえば、結婚式のスピーチをするとき、大切なのは「おめでとうの気持ちを伝えること」ですよね。たとえ、どんなに流暢《りゅうちょう》にスピーチができても、想いが伝わらなかったら意味がありません。一方、緊張して噛みまくっても、ちゃんと自分の想いがその場の人々に伝われば、それでいいはずです。

**スピーチをしている人が緊張しているとか、話が飛んでしまったとか、そんなことは聞いている人たちからすれば「どうでもいいこと」なのです。**

これは仕事のプレゼンも同じです。

たとえ口調がたどたどしくても、企画の概要と魅力、相手のメリットが聞いている人たちに伝わることが大事です。そこでカッコつけようとしたり、プレゼン上手だと思われたいという気持ちは、むしろジャマになるだけです。

セールスパーソンも、話すのが得意でない人のほうが成績が良いもの。

うまく話そうとするのではなく、商品の良さを伝えようという気持ちのほうが結果をもたらすのです。

# 第4章

## この人と話すと楽しい！と思われる

# 「ホメ」の哲学

# 「おべんちゃら＝悪いもの」という盛大な勘違い

「日本人はホメるのが苦手」とよくいわれます。「おべっかやゴマすりはよくない」「相手におべんちゃらだと見抜かれると、印象が悪くなる」と思っているからです。

でも、**それはは大いなる間違いで、むしろ、おべっか、おべんちゃらをしないことのほうがはるかに悪いです。**図式で表すと、

「おべっか・おべんちゃらを言う＞＞＞＞＞＞＞まったくホメない」

というイメージです。コミュニケーションにおいて、相手のことをホメないのは失礼にあたる、ありえないことだという認識に、今日から変わってください。

**相手のことをホメるのはマナー、礼儀なのです。**

「ホメるのが苦手な人が多い日本」だと、この意識をもっているだけで、ほかの人と圧倒的な差をつけられます。

**芸能界ですごくナチュラルにホメを多用しているなあと感じていたのは、タレントの関根勤さんです。**関根さんは会うたびに「渡部くん、こないだ出てた○○の番組見たよ！あれ、めちゃくちゃ大爆笑しちゃった！　最高だね！」などと伝えてくれます。

ホメるのはいいこと！　マナーである！　これを頭に刻み込みましょう。

# 「謙遜の壁」を
# ぶち破るくらいホメなさい

いざ相手をホメようと思っても、相手を目の前にするとどこをホメるか困る人は少なくありません。ここで覚えておきたいのは、

**「どこをホメるかより、『まずホメる』ことが100倍大事」**

ということです。**ずれたポイントをホメたとしても、まったくなんの問題もありません。**気づいたことを手当たり次第にホメる。まちがったホメ方なんて存在しない、くらいの認識でOKです。

とくに、日本人の場合は「褒められると謙遜《けんそん》して、それを否定する」という反応をされることが多いでしょう。しかし日本人の場合、ホメ言葉に相手から否定的な言葉が返ってきたら、「ちゃんとホメることができた」という証拠であると考えてもいいくらいです。

**私はこれを「謙遜の壁」とよんでいますが、謙遜の壁にぶち当たっても、ひるむことなく、相手を褒めつづけてください。**ホメるポイントが的確かどうかとか、ホメ方がうまいかどうかは、まったく重要ではありません。

会話のなかで相手を「ホメる」のか「ホメない」のか、それが大事なのです。遠慮せずに、謙遜の壁をぶち破るくらいホメているのか、それがポイントです。

# 謙遜の壁をぶち破る
# 効果抜群の合わせ技

**謙遜の壁をぶち破る方法として、ひとつ覚えておくと便利なのが「ホメ＋質問」という合わせ技です。**

この技を使うと、いとも簡単に謙遜の壁をぶち破ることができます。

たとえば、「すごくスタイルがいいですね」とホメだけ伝えると「いえいえ、そんなことないですよ」と謙遜されるだけですが、

「すごくスタイルがいいなとおもったんですけど、なにかトレーニングとかされているんですか？」

と、ホメに質問を組み合わせると、

「いえいえ、そんな大したことはしてないんですけど、最近ジムに通い始めて……」

といった具合に、**謙遜の壁を打破して、そこからさらに相手の話したいことベースで会話を進めることができるようになります。**

# 秋元康から学んだ「ホメどころ」の見つけ方

「相手のことをホメようと思っても、ホメるところが見つかりません」というお悩みをいただくことがあります。

でも、ホメるところがひとつもない人間なんてこの世には存在しません。私たちは一人ひとり違う人間だからです。だからその「違い」をホメればいいのです。

**ホメるところが見つからないと悩む人は、「相手のいいところをホメないといけない」という固定観念にとらわれています。**

これが間違いで、別に相手のいいところを見つける必要はありません。

その人の

**①ほかの人と違うところ**

**②これまでのその人とは違うところ**

**をホメればいいのです。**

たとえば、メガネをかけている人だったら「そのメガネ、ステキですね」でいいのです。

自分で選んだメガネをホメられれば、うれしいと感じるものでしょう。

あるいは、ふだんはメガネの人がメガネをかけていなかったら、「あ、今日はメガネをかけてないんですね。爽やかな印象でいいですね」などとホメます。

ちょっとした変化にも気づいてくれて、しかもホメてくれれば、誰だってうれしいはずです。

このときに大切なのが**「観察力」**です。

相手のちょっとした持ち物に気づく、ちょっとした変化に気づく。

これができると、ホメることが見つからない、なんてことはなくなります。


私がこれがすごいと感じたのが、秋元康《あきもとやすし》さんのエピソードでした。

## 結婚式のスピーチを頼まれていると考えてみよう

僕が作詞家、放送作家の秋元康さんとラジオで対談させていただいたときのことです。

番組の途中で、交通情報を伝える女性アナウンサーの方が入ってきました。

そこで秋元さんは、急に私にこうたずねました。

「渡部、あのアナウンサーにプレゼントを送るとしたら、なにを選ぶ?」

「いや……、なにを渡せばいいか、ぜんぜんわからないですね。だって、いまさっき会ったばかりの人ですよ」

「よく見るんだ。彼女は限られた時間のなかで交通情報を伝えないといけないから、ストップウォッチを持っているだろ。でもあのストップウォッチ、ちょっと端が欠けているじゃないか。塗装が剥《は》げてて、色がなくなってるだろ。だから、俺だったら海外製のストップウォッチを取り寄せて、それをあげるかな」

秋元さんは瞬時に相手の持ち物にも目を配らせ、ものすごく観察しています。これこそ、秋元さんがヒット曲を生み出し続けられる理由なのだと感じました。

秋元さんレベルの観察力を身につけるのは並大抵のことではありませんが、こうした観察力を鍛える方法はあります。**誰かまわりでひとり選んで、「半年後、この人の結婚式のスピーチをしないといけない」と考えて接してみる、観察してみるのです。**

結婚式のスピーチなので、相手のいいところを参加者の人たちに紹介しなければいけませんよね。だから、相手のことをしっかり観察して、いいところを見つけようとする意識が働くはずです。

# ふつうにホメるより
# 破壊力抜群な
# 「カゲボメ」の威力

ホメは、目の前の相手にサラッと伝えるのが基本です。

一つの事柄について熱心にホメつづけるのではなく、会話のなかでこまかくホメを織り交ぜていくのが効果的と言えるでしょう。

ただ、じつはどんな人でも実践しやすい、破壊力抜群のホメのテクニックがあります。

それが**「カゲボメ」**です。

これはどういうことかというと、ホメたい相手に直接ホメるのではなく、相手がいないとき、**共通の知り合いに**

**「○○さんってすごいよね」**

**などと話す……というものです。**

たとえば、僕が後輩の芸人に、

「(アンジャッシュの相方の)児嶋ってさ、やっぱすごいいいヤツなんだよね。いまでもあいつとコンビ組んで良かったって、事あるごとに思うんだよ」

と伝えたとしましょう。

その後、後輩が児嶋と会ったときに、

「そういえば、渡部さんが『児嶋さんとコンビ組めて良かった』って、いまでもちょいちょい思うらしいですよ。このあいだ会ったとき、そんなふうに話してました」と児嶋に伝えたとしたら、児嶋はすごくうれしく感じますよね。

これが「カゲボメ」です。

カゲボメは本人直接伝えるわけではありませんから、面と向かってだと小っ恥ずかしいと感じてしまうことも言いやすいですよね。

また、面と向かって言われるよりも、第三者から間接的にホメられたほうが「本音」っぽく聞こえます。

## カゲボメはみんなを幸せにするすごい方法

カゲボメがちゃんと本人に届くのか心配かもしれませんが、大丈夫です。

私の経験上、こうしたカゲボメはかなりの高確率でちゃんと本人に届きます。

なぜかというと、カゲボメを本人に伝える第三者（例の場合は後輩芸人）は、絶対にそ

**のホメを児嶋に伝えたいと考えるはずだからです。**

というのも、ほかの人がホメていたことを伝えれば、児嶋がうれしいと感じるはずですよね。

自分の発言によって喜んでいる姿を見るのは、その人にとっても気持ちのいいことです。

したがって、後輩芸人は児嶋に、自分がホメていたことを伝えてくれるのです。

つまりこの**「カゲボメ」は「ホメた人」「ホメられた人」「伝えた人」の三人みんながいい気持ちになれるわけです。**

たとえば会社でも、上司が部下をホメるとき、同じ部署にいる別の人に

「Aくん、最近がんばってるよな」

などとカゲボメすることで、本人に直接伝えるよりも効果的になります。

難易度が低い割には非常に効果的な方法なので、ぜひ活用してみてください。

# 「ワクチン・ワード」を使えば、
# 話が盛り上がる

**会話を盛り上げるのが苦手な人は、「見たことを見たままに言ってしまう」傾向があります。**

たとえば、背がとても高い人に対して、

「すごい背が高いですね。身長、何センチあるんですか？」

「なにかスポーツとかされてたんですか？」

などと聞くのがそれに該当《がいとう》します。

質問している本人としては、自分が聞きたいことだし、会話のきっかけにしたいと考えているのかもしれませんが、相手にとってはそれまで何百回と同じことを話題にされているので、うんざりしている可能性もあります。

こんなときに便利な言い回しがあります。

**それが、16ページで紹介した「ワクチン・ワード」です。**

ありきたりだと受け取られるかな、と思うような話題をふるときは、

「きっと、いろいろな人に言われることだと思うんですけど……」

という言い方をするだけで、印象がかなり変わります。

**ワクチン・ワードはネガティブな話題に触れるときだけではなく、このようにポジティブな話題のときにも活用できる、非常に強力なテクニックです。**

たとえば、私は音楽番組の司会をしていたこともあったのですが、そこに出演するアーティストの人に「今度の新曲はどこがポイントなんですか」と聞かなければいけないことがありました。

そのような質問は、雑誌などのインタビューなどで散々説明してきていることだと思います。

でも、この番組で初めて聞く人もいるだろうし、相手もプロモーションをする必要があるから、こちらとしても質問しないわけにはいきません。

そんなときにも、

**「たぶん、いろいろなところでお話されてきたことだと思うんですが、あらためて聞かせてください」**

**という前置きをすれば、相手がこの質問をされたときにどういう気持ちになるのかを察していることをそれとなく示し、相手の嫌悪感をやわらげられるのです。**

## ホメの効果をさらに倍増させる

この「きっと、いろいろな人に言われることだと思うんですけど……」というワクチン・ワードは、ホメとの相性もよく、単なる褒め言葉をさらに協力にする効果を持っています。

たとえば、

「きっと、いろいろな人に言われることだと思うんですけど、すごいオシャレですよね」

という言い方をすると、相手はかなりうれしくなります。

なぜなら、「たぶんほかの人も同じように感じているだろうと私は感じました」ということを暗に伝えているからです。

このワクチン・ワードは非常に便利なので、ぜひ覚えておきましょう。

# 「頼み事」がヘタな人は大損する

日本人は「相手に迷惑をかけてはいけない」と思い込んでいる人が多いので、相手になにかを頼むことを苦手としている人が少なくありません。

しかし、なんでもかんでも自分で抱え込むのは、じつは無駄な努力だったりします。

というのも、仕事で「ぜんぶ自分でやりました」ということが評価されることはないからです。

それよりも、とくにビジネスシーンは、その仕事が得意な人に頼み、効率的に仕事をすることが評価されます。

人になにかを頼むのが苦手だ、という人は、まず「人に頼むのはよくないことだ」という思い込みを

「人に頼むのはいいことだ」

というマインドセットに切り替えることが大切です。

そもそも、前著でも紹介しましたが、人は「誰かに頼られる」「アドバイスを求められる」と気持ちよくなる生き物です。

これは心理学の言葉で「ベンジャミン・フランクリン効果」とも呼ばれます。

ベンジャミン・フランクリンはアメリカの発明家・政治家です。

フランクリンはあるとき、敵対している議員がいたのですが、あえてその議員に「本を貸してほしい」とお願いをして頼ったのです。

すると、頼られたその議員は以後、すっかりフランクリンと好意的な関係になった、という逸話《いつわ》が由来です。

## なぜ頼み事をすると相手から好かれやすくなるのか

このロジックから、相手になにか頼れるものがないか、アドバイスを受けられることはないか、助けてもらえることがないかを探すことを「アドバイスシーキング」といいます。

アドバイスシーキングも心理学の手法として研究されています。

ブリガムヤング大学の研究によると、セールスパーソンがふつうにお客さんに営業をした場合と、**お客さんになにか頼み事をしたりした場合は、後者のセールスパーソンのほうがはるかに売上が良くなったという結果が出ました。**

これをもうちょっとくわしく説明すると「認知的不協和」という人間の心理メカニズムが関係しています。

人間は自分の行動と感情に矛盾が生じると、その矛盾を解消しようとします。

つまり、別に好意を抱いているわけではない相手に「アドバイスをあげた＝助けた」という行動を起こすと、行動と感情の矛盾を解決するために、

**「アドバイスを与えたということは、私はこの人に好意を抱いているに違いない」と、認知的不協和を解消するべく、行動と感情を一致させようとするのです。**

このように、人になにかを頼む、アドバイスしてもらうのは、むしろ人間関係を円滑にし、コミュニケーションをうまくいかせるために必要なことであり、むしろ推奨するべきものでもあるのです。

# 頼み事は「ホメ」といっしょに

人になにかを頼むときのコツは、**「ホメながら頼む」**ということです。

たとえば、ちょっとした雑用のようなことで相手に頼みにくいな……と思うケースなら、次のようにしてみます。

「○○さん、すみませんが議事録をつくってもらえませんか。このあいだの議事録、すごくわかりやすくて助かったので」

このように、**「なぜあなたに頼んだのか」という理由をホメながら伝えることで、ただ「コピー取ってくれませんか」と頼むだけよりもはるかに相手の気持ちは良くなりますよね。**

「ホメ」は、いろいろなシーンで組み合わせながら使うことができます。

「あいさつ＋ホメ」「質問＋ホメ」「頼みごと＋ホメ」「質問の返答＋ホメ」……コミュニケーションにおいて、ホメと組み合わせてデメリットがあるシチュエーションを探すのが難しいくらいです。

人になにかを頼むときなど、どうしても気まずさを感じてしまうタイミングでこそ、ホメと組み合わせることができないかを考えてみてください。

# 第5章

## どんな人でも絶対ウケる「トーク」の裏ワザ

# 名前が平凡でも
# 絶対に覚えてもらえる
# 自己紹介

世の中のほとんどの人は、自己紹介がヘタです。

というのも、**多くの場合、自己紹介のようでいて、自己紹介になっていないからです。**

たとえば、

「はじめまして、山田太郎です。好きな食べものはカレーです。趣味はサーフィンで、いつかは海のそばで暮らしたいと思っています。よろしくお願いします！」

これでは、まったく相手の印象に残らないので、誰もあなたの顔や名前を覚えてくれないでしょう。

自己紹介は自分の顔や名前を相手に覚えてもらい、その後の会話などにつなげやすくするために行うものです。その目的が果たせていないのであれば、それはまったく自己紹介になっていません。

**では、どうすれば一発で相手に自分のことを覚えてもらえるのか。**

そのときに重要なのが

**「自分の顔や名前を覚えるメリットを相手に提示する」**

ということです。

人間は自分にとって有益な情報であれば、それについては覚えてしまいます。

たとえば極端な例ですが、

「こんにちは、山田太郎です。自分の親はディズニーランドを経営しています」

こんな自己紹介をされれば、誰だってこの山田さんを覚えるでしょう。佐藤さんとか鈴木さんとか、どれだけありふれた名前であっても、間違いなく覚えてもらえます。

とても多くの人はディズニーランドが大好きだし、そのディズニーランドの経営にかかわっている人であれば、知り合いになりたいと思うものです。

このように「自分のことを覚えてくれると、あなたにこんないいことがありますよ」というメリットを相手に伝えられれば、それで自己紹介が意味をもつようになります。

## 相手に覚えられるメリットを意図的につくってみる

もちろん、多くの人はそんなに特別な境遇にいるわけではないでしょう。

大事なのは「自分を覚えるメリット」を伝えることなので、それがあればいいのです。

たとえば、
「自分は都内の焼肉屋さんを知り尽くしています。焼肉屋のことなら聞いてください」
「私、整体師の資格を持っているので肩でも腰でも揉めます」
などでも十分です。

**相手のメリットになるような特技とか趣味がない、という人はつくりましょう。**

**つくりかたのアドバイスとしては、自分がもともと興味を持っていることに、もっと偏りをもたせてみるのがオススメです。**

たとえばラーメンが好きな人なら、「あるエリアのラーメン屋を全部回る」というのもいいと思います。都内全部のラーメン屋を行くのがムリでも、たとえば「池袋のラーメン屋なら任せてください」だけでもＯＫです。

こうした偏りが「人との違い」になり、意外とほかの人にメリットを提供することにもなります。

# どんなオチでも
# おもしろく感じさせる
# プロの芸人のワザ

多くの人は、日常生活を送っていると、

「こんなにおもしろいことがあったから、ほかの人に話したい」

と思う出来事があったりすると思います。

でも、ふつうの人がそういう話をしても、99%はウケません。

でも、同じような体験を、たとえばバラエティ番組で話術のプロである芸人が話すとおもしろく感じます。

**アマチュアの人がするとスベるのに、芸人が話すとおもしろくなるのは、なぜなのでしょうか。**

その理由は、プロとアマの話し方に大きな差となるポイントがあるからです。

**それが「フリをどれだけ丁寧にやるか」**です。

フリというのは、要するにオチにつながるまでの状況説明です。

一般の人はおもしろいと感じたポイント（つまりオチ）をすぐに相手に話してしまいますが、プロの芸人はフリにしっかり時間をかけてからオチにもっていきます。

これこそが大きな差につながるのです。

端的に言えば、「おもしろい話はフリで9割決まる」といっても過言ではありません。

## 「フリを丁寧に語れるかどうか」がおもしろいかどうかの分かれ道

フリを大事にするときに覚えておいてほしいことがあります。

それは、

**「いかにオチとギャップのあるフリを描写するか」**

ということです。

たとえば、「部長の鼻毛が出ていた」というオチの話をするとします。

このとき、フリをどのくらい丁寧に描写するかによって、話し方は次のように変わっていきます。

A「このあいだ、部長の鼻毛が出てたんだよ」

B「すごく威厳があってマジメな部長の鼻毛が出てたんだよ」

C「すごく威厳があってマジメな部長が『お前たち、最近身だしなみが乱れてるぞ。身だしなみの乱れは心の乱れなんだから、ちゃんとしろ』って説教してたんだけど、その部長の鼻毛が出てたんだよ」

Aの場合はシンプルにオチを伝えるだけで、これはウケません。

でも、BからCにかけては、「鼻毛が出ていた」というオチとのギャップを生み出すために「威厳がある」「マジメ」「身だしなみ」などの言葉を使ってフリを充実させているのがわかります。

このように、同じオチでも、その前段階であるフリ次第で、おもしろさは変わっていくのです。

**なにかおもしろいネタを見つけたら、フリを二つ三つストックしてしっかり充実させておきましょう。これができると、会話のときにたいへん役立ちます。**

# トークのプロとアマの決定的な違い

前項で、おもしろい話をするためにはオチよりも「フリ」が大事であるということを説明しました。フリというのは、要するに状況説明です。**オチに至るまでにどういう出来事が起きたのかを伝えて、まるでその場にいるかのような臨場感を聞き手に抱かせる。そうすることで、話はグッとおもしろくなります**。では、どうすれば話に臨場感が出せるのか。

島田紳助さん、千原ジュニアさん、故・立川談志《たてかわだんし》師匠などは、トークがうまくなるコツとして、**「聞き手の頭のなかに、自分の頭のなかに思い描いている光景を流し込む」**ということを述べています。とくに落語家の立川談志師匠などは、弟子に稽古をつけるとき、弟子の話の中に出てくるこまかい描写にいちいちツッコミを入れていました。

たとえば、話のなかに長屋が出てくると、「その長屋はどのくらいの長さなのか」「築何年くらいの長屋なのか」といったことを問いただすわけです。

いってしまえば、長屋がどのくらいの長さかなんて、話のオチとはまったく関係ないものですよね。でも、**話し手がそのくらいしっかり状況をイメージして、聞き手に伝えることで、話に臨場感が生まれて、オチがおもしろくなるのです**。

# 島田紳助から学ぶ
# トークがうまくなる
# 最良のトレーニング法

前項で「臨場感を出すことがオチをおもしろくするコツ」と言いましたが、臨場感のある話をするのにうってつけのトレーニングが「道案内」です。

これは島田紳助さんがおっしゃっていたことです。

道案内をするときは、「目的地までの道のりを知らない相手」の頭のなかに、その途中の光景が映し出されるように説明することが大切になります。

そのとき、一見すると道案内に不要な状況まで盛り込むことで、まるでいっしょにその道を歩いているかのように臨場感が生まれ、わかりやすくなるのです。

たとえば、

「ここをまっすぐ歩いて、3つ目の角を右に曲がります」

といわれるよりも、

「ここを真っすぐ歩いて、ちょっと坂道を登っていくとオレンジ色の壁の家があります。その家の前を通りすぎたら、次の角を右に曲がります」

などといわれたほうが、行くまでの実際の情景を思い浮かべることができてわかりやすいですよね。

多くの人は、トークをするときにこうした情景描写を軽視してしまいます。

というよりも、その道程になにがあったかをそもそも覚えていない、意識していないのです。

## 天才・ビートたけしの頭のなか

映画監督しても実績があるビートたけしさんは、映画の撮影がとてもスピーディだといわれます。

なぜかというと、たけしさんの頭のなかには、自分が取りたい映画のすべてのシーンの光景がすでにできあがっているからです。頭のなかの光景をあとはスタッフさんなどに指示すればそれでＯＫな状態なわけです。

たけしさんの例は究極的ですが、なにかおもしろい出来事を体験したときは、ただその出来事だけではなく、前後のこと、あるいはまわりの情景などもしっかり頭に刻み込みましょう。

それらを盛り込んで話をすることで、おもしろいものになります。

**そのためにできるカンタンな訓練が、道案内なのです。**

あなたの笑顔は、じつは
「笑顔になっていない」

トークを盛り上げるためには、話し手が笑顔であることが超重要です。

あいさつをするとき、相手の話を聞いているとき、ただしっかり笑顔になっているだけでも、会話は盛り上がりやすくなります。

ただし、**じつは多くの人は、この「笑顔」がまったく足りていません。**

**というのも、ほとんどの人が笑顔だと思っているものは、じつは笑顔になっていないからです。**

たとえばみなさんは、写真のなかの自分の顔が、ふだんの自分の顔だと思ったりしていないでしょうか。少なくとも、あなたの脳内イメージにある自分の顔は、写真で見た自分の顔であることが多いと思います。

しかし、それは間違いです。

たとえば、**テレビを消した瞬間や、スマホの画面が暗くなった瞬間に写った、あの虚《うつ》ろで無表情な、おぞましいものを思い出してください。**

これが、あなたのふだんの表情です。

芸能人は笑顔がクセになっていますが、そうではないふつうの人は、ちょっと気を抜くと顔面の筋肉が弛緩《しかん》して、いわゆる仏頂面になってしまいます。

いくらトークのスキルを磨いても、相手の話を聞いているときに、このようなつまらなそうな表情になっていては、盛り上がる会話も盛り上がらなくなってしまうのは当然でしょう。

**ほとんどの人は、かなり意識的に笑顔にならないと、相手には笑顔だと伝わりません。あなたが笑顔だと思っているものは、じつはそんなに笑っていないのです。**

## 笑顔は自分の想像の5割増くらいでちょうどいい

とくに初対面の相手と会うときには、「自分でオーバーだと感じるくらいの笑顔」を心がけましょう。

具体的には、自分が思っている笑顔の5割増しくらいを意識してください。そのくらいで、ようやく相手には「笑っている人」という印象になります。

**一般的に、初対面の人の第一印象は3~5秒くらいで決まるといわれています。**

**その数秒の間に、どんな人でも笑顔だと感じる100点満点の笑顔を印象づけることができれば、それだけでその後のコミュニケーションはすべてうまくいきます。**

「わざとらしい笑顔だと思われないかな……」という不安を捨ててて、オーバーに笑ってください。

もちろん、笑顔をつくるのは顔の筋肉なので、ふだんから笑顔を心がけておくことも重要です。このときにわかりやすいのは「人前でお腹を見せるときに、腹筋に力を入れている感じを心がける」というものです。

健康診断やプールなど、人前でお腹を出すときは、凹《へこ》ませるまではいかないにしても、誰でもちょっとだけ腹筋に力を入れてしまいますよね。あれを顔面でもキープしておくようなイメージです。

ふだんからこのようにゆるやかな笑顔をつくる筋肉を刺激しておくことで、いざ人と会話するときにも、自然な笑顔をつくりやすくなります。

# リスクゼロで笑いを取れる すごい方法

笑顔をしっかりつくるのも大事ですが、同時に大切なのが「相手にも笑ってもらう」ことです。アメリカの心理学者シルバン・トムキンスが提唱した「表情フィードバック仮説」では、たとえ楽しいことがなくても、笑顔になることでメンタルがポジティブになるとされています。理由はなんであれ、**相手を笑顔にすることで、「この人との会話は楽しい」と感じてもらいやすくなるのです。**

とはいえ、自分はユーモアのセンスがないから、なかなか相手に笑ってもらうことができない……という人もいるでしょう。

そんな人に、誰でもゼロリスクで実践できる、とっておきのコツをお伝えします。

**それが「自虐ネタ」です。**笑いを取りにいく方法はいろいろありますが、なかにはヘタに話すと、かえって相手の心象が悪くなるものもあります。

その代表例が「イジり」です。太っているとか、背が低いとか、そういった身体的特徴をイジる、あるいは性格や出身をイジるのは、それで相手が傷ついたり、気分を害する危険のほか、いまはハラスメントに該当する可能性が高いので、くれぐれも注意が必要です。

**しかし、「自虐＝自分をイジる」なら、そうしたリスクはゼロになります。**

たとえばTwitter（現X）で昔、ソフトバンクの創業者である孫正義さんが、ユーザーのひとりが投稿した「髪の毛の後退がハゲしい」という発言を受けて「髪の毛が後退しているのではない。私が前進しているのである」と返した名言があります。

これはまさに、「頭髪が薄い」ということを自虐した見事な笑いの取り方といえます。

## 失敗やドジは、会話における貴重な財産

自虐ネタは、ただ単に相手を笑わせる以上のすごい効果があります。

**それは「親しみを感じさせる」というものです。**

孫正義さんの発言も、おもしろいのはもちろん、同時に、「偉ぶらない、親しみやすいキャラクターであること」がアピールできていますよね。

これは**「コロンボ理論」**と呼ばれています。

『古畑任三郎』のモデルになった推理ドラマの名作『刑事コロンボ』の主人公コロンボは、「うちのカミさんがね……」とこぼすのが口癖で、まずは容疑者たちに「妻の尻に敷かれ

ているダメな男」であるように自分を印象づけます。でも、そこから油断させた人々の証言を引き出し、ずば抜けた推理力で犯人を追い詰めていくわけです。古畑任三郎もまず最初に会ったとき、自分のドジ話をします。

これはまさに、犯罪心理学にもとづいた、相手との心理的距離を近づけ、コミュニケーションを円滑にするためのテクニックといえるでしょう。すぐさま自己開示することによって、返報性の原理（お返し）が働いて、容疑者が心を開きやすくなるのです。

同じように、自分のちょっとした失敗談……たとえば、

「方向音痴なので、今日も駅を出てから反対方向に歩いてしまって、約束の時間に間に合わないかと焦りました！」

「ダイエット始めたんですけど、始めたその日の夜に我慢できなくて、ラーメン食べちゃったんですよね～」

など、**自分の失敗談を打ち明けたりすれば、相手との心理的な距離が縮まり、「いやじつは自分も方向音痴で……」などと、相手の話を引き出せることもあるのです。**

**ドジや失敗は会話における大きな財産です。**

みなさんもぜひ、なにか失敗をしたときはそれをメモしておいて、話題にできるようにしてみてください。

# 第6章

## 初対面でも話が弾む「雑談」のルール

# あえて「知らないふり」をしよう

「初対面の人と雑談をするのが苦手だ」という人は少なくありません。

でも、そういう人の話を聞いてみると、**そもそも初対面の相手と会う前に相手のことを調べていないというケースがほとんどです。**

事前情報がゼロの状態だと、天気やニュースの話など、当たり障りのない会話しかできず、盛り上がらないのは当たり前です。**雑談で大切なのは、「相手が話したいと思っている話題を話させること」**です。

そのために大切なのが、できるだけ事前に相手のことについて情報収集をすることです。

SNSの発信を見たり、相手の会社のことについて調べたりしましょう。

そうすることで、相手がどんなことに興味を持っているのか、どんなことを話したがっているのかがわかります。このときに注意したいことがあります。

それは**「私はあなたのことについてこんなに調べましたよ」というアピールは、かえって雑談の邪魔になるということです。**

事前に調べたことはあくまでも「相手が話すきっかけ」を与えるためのものであり、自分が話をするためのものではないということは肝に銘じておきましょう。

## 「知らないふり」をして質問することで、相手の話を引き出す

**また、事前に相手を調べていると、意図的に「知らないふり」戦略がとれるのも大きなメリットです。知らないふりをして質問をすることで、相手が話したいことを話すきっかけを提供することができます。**

たとえば、事前に相手のＳＮＳの投稿から、相手が岩手県に旅行したことを知ったとします。

その場合、

「そろそろ旅行にでも出かけたいなあと思っているんですけど、京都とか沖縄とか、いわゆる観光地はもうけっこう行ってて、飽きちゃったんですよね。どこかいい旅行先、ご存じないですか？」

などと質問すれば、

「それなら、岩手県がオススメですよ。じつは最近、岩手県に旅行してきましてね……」

といった具合に、相手の話したいだろうことに誘導できますよね。

あるいは、お子さんが高校受験に合格していたことを投稿していたら、

「○○さんは、お子さんはいらっしゃるんですか？」

と質問することで、

「中学生の子どもがいるんですが、じつは先日、第一志望の高校に合格できたんですよ」

などと話をしてもらいやすくなります。

親なら誰だって、自分の子どもの自慢話をしたいものです。でも、**自慢話は自分からはなかなか話し出しにくいもの。**

**そこで「知らないふり」をしてうまく質問することで、相手が話したいだろうことを引き出すこともできるのです。**

# 雑談のヘタな人がやってしまう
# 致命的なミスとは

じつは雑談がヘタな人には、ひとつ傾向があります。

それは、**「話の方向性を自分で勝手に決めてしまう」**ということです。

雑談で大事なのは、「相手の話したいことを話させる」ことです。

まず自分の失敗談を話したり、相手に質問したりするのは、そこから「相手の話したいこと」を探るための手段でしかありません。

このときに便利なテクニックがあります。

それが**「話題のお品書きを提供する」**というテクニックです。あなたが料理人になったつもりになって、「こんな話題が提供できますよ」という一覧を相手に見せるのです。

たとえば、こんな感じです。

「先日、池袋に新しくできたシネマコンプレックス施設で、『インディ・ジョーンズ』の新作を4DXで見たんですよ」

この場合、あなたは、
●池袋
●新しくできたシネマコンプレックス施設

●4DX
●インディ・ジョーンズの新作

という四つの話題を提供していることになります。

このとき相手の反応を見ながら、相手がこの四つのなかからどれに興味をもつのかを判断するのです。

## 相手のオーダーした料理（話題）を提供するのが鉄則

たとえば、このときに、

「あ、池袋に行ったんですね」

と相手が返したら、相手は「池袋」について話したいことがあるのかもしれません。相手も最近、池袋になにか用事があって行ったのかもしれない……などと考えられます。

あるいは、

「あ、あの新しい施設に行かれたんですね」

と返してきたら、相手は新しい施設について興味があると考えられます。もしかしたら映画館ではなく、同じ施設に入っているほかのお店について話したいのかもしれない……などと考えられますよね。

**雑談がヘタな人は、相手のこういう反応をスルーして、そのまま「インディ・ジョーンズの新作がおもしろかった」と、映画の話を続けてしまいます。**

これはいってみれば、「話題のお品書き」を見せて、相手が「池袋」という話題をオーダーしたのに、それを無視して別の料理を提供しているようなもの。これでは雑談が盛り上がらないのも当然と言えるでしょう。

**雑談の基本は「相手が話したいこと」を探ることであり、そのために「話題のお品書き」を見せてオーダーをとる。**

この基本を忘れないようにしてください。

# 会話のなかで相手の名前を
# 連呼することはいいづくめ

どの会話本でも紹介されるベタな方法でありますが、

**「会話の端々で相手の名前を口にする」**

**のは、シンプルかつ超強力な方法なので、やらない手はありません。**

たとえば、

「これはぜひ、○○さんにうかがいたいと思っていたことなんですが……」

「そういえば○○さん、ちょっと関係ない話かもしれないんですが……」

といった具合に、会話のなかで、できるだけ自然なかたちで相手の名前をとにかく口に出しましょう。

これは心理学的には**「ネームコーリング」**と呼ばれています。

人間は誰でも、自分の名前に愛着を持っています。だから、自分の名前を呼ばれると、それだけで相手に好印象をいだきやすくなるのです。

また、**固有名詞である名前を呼ぶことで、「その他大勢」ではなく、自分のことをちゃんと認識しているのだということが相手にも伝わるので、それもまた好印象につながります。**

実際、ネームコーリングの有用性は、さまざまな実験で証明されています。

また、ネームコーリングはクレーム対応マニュアルでも重宝《ちょうほう》されています。

製品やサービスに不備があり、怒り狂って電話をかけてきたお客様でも、しっかり相手の話を聞きながら相手の名前を呼ぶことで、次第に相手の怒りが収まってくるのです。

## 名前を連呼すると、相手の名前を覚えやすくなる

また、このネームコーリングには、単に相手からの印象が良くなるだけではありません。

じつは、**相手の名前を効率的に覚えられるというメリットもあります。**

みなさんも経験があると思いますが、初対面の場合、会話の最中にいま話している人の名前を忘れてしまうことはよくあります。

そうすると、あらためて聞いたらたいへん失礼なことになりますから、聞くわけにもいかず、困ったことになりますよね。

折に触れて相手の名前を連呼することは、相手の名前を覚えることにもつながるのです。

なぜ、相手の名前を覚えやすくなるのか。

これは人間の記憶のメカニズムにもとづいています。

人間の記憶には「短期記憶」と「長期記憶」の二つがあります。

人間の脳は、初めての情報を、まず短期記憶として処理します。

でも、この短期記憶の保有期間はせいぜい数十秒しかありません。

1分もすると、忘れてしまうものなのです。

そこで、短期記憶にあるうちに自分の口からあらためてその名前を出すというアウトプットを何度も繰り返していくと、そのたびに脳内でその名前が思い起こされるので、だんだん名前が長期記憶に移るようになるのです。

子どものとき覚えた歌を大人になっても歌えるというのは、アウトプットを無数に繰り返した結果、短期記憶から長期記憶へと移り変わった典型的な例です。


**「相手に好印象を持たれる」「相手の名前をすぐ覚えられる」**

**これだけのメリットがあるのだから、やっぱり相手の名前を会話中に連呼するのはぜひやるべきなのです。**

「かわいいバカ」
というポジションは
最強である

同じ人と二度目以降に会話をするとき、より相手のなかでポジションを得られやすくする裏ワザ的な方法があります。

それが**「かわいいバカになる」**というものです。

これはどういうことかというと、

**「相手のアドバイスに従う愚直さ」＋「自虐ネタ」**

の合わせ技です。自虐ネタは第5章でも説明したように、リスクゼロで相手の笑いをとりにいける最強の手法です。

では、具体的にどうすればいいのでしょうか。

たとえば、以前の会話で相手からオススメのラーメン屋さんを教えてもらったとしたら、次のような言い方ができます。

「このあいだ教えていただいたラーメン屋さん、おいしすぎて3日連続で食べに行っちゃいました」

こんなふうにいえば、

「いくらおいしかったといっても、3日連続は行きすぎでしょ（笑）」

などと、相手の笑いを誘うことができますよね。

「この間教えてもらったラーメン屋さん、行ってみました！」

これだけでも十分効果はあるのですが、それよりもより自分に親しみを感じてもらえるのが、**自分に「かわいいバカ」要素を加えて、ちょっと自虐させるという手法なのです。**

先輩に好かれて売れていく芸人というのは、こういうコミュニケーションがとれるタイプが多いです。

## 「相手に教わる」というポジションに自分を持っていく

あるいは、

「このあいだ紹介してもらった本、読んでみたんですけど、ぜんぜん内容が理解できなくてまだ半分も読めてないです。ちょっと解説してくれませんか」

このような言い回しもたいへん効果的です。

こうなると、相手は、

「こいつバカだな〜」

と思うと同時に、でも自分が勧めたものを素直に買ったりしてくれているわけですから、かわいく感じたりしますよね。

**コミュニケーションでは、相手よりも「ちょっと下の位置」に自分を置いておくほうがうまくいきます。**

会話では多くの場合「教える側（話す側）」と「教わる側（聞く側）」に分かれます。

そして、会話で気持ちよくなれるのは「教える側（話す側）」です。

だからこそ、**大事なのは、いかに自分が「教わる側（聞く側）」に回るかなのです。**

**そのためには、相手にアドバイスを請《こ》う、教えてもらう、というコミュニケーションの構造をつくりましょう。**

その構造をつくるために役立つのが「かわいいバカ」というキャラクターなのです。

# 第7章

## アイデアが出る！
## 「ファシリテーション」の成功法則

# みんなのアイデアを引き出すための超簡単な方法

ミーティングや会議などで「なにか意見のある人はいませんか？」と聞いても、誰も手があがらない、発言しないで、議論が盛り上がらないことは日常茶飯事でしょう。

**こんなときに大事なのは、まず自分がなにかひとつアイデアを出すこと。いわば、たたき台を自分が提供するということです。**

そもそも、まったくのゼロベースでなにか発言するのは難易度が高いことです。そのため、いちばん大変な「先陣を切る役目」を自分が引き受けることで、ほかの人の発言を引き出すことができます。このとき、アイデアの質はまったく問いません。**むしろ、あまりよくないアイデアのほうがいいくらいです。**

たとえば私も、番組の打ち合わせで、若い作家さんがあまりよくないアイデアを出してきたほうが、「いや、それだったらこっちのほうがいいよ」など、そこから議論が発展してきた経験があります。

とにかく大事なのは、まず「一つ目のアイデア」を出すこと。そのアイデアが良いものか悪いものかは、問われません。**一つ目のアイデアが呼び水となって、ほかの人からもアイデアが出てくるようになるのです。**

明石家さんまや有吉弘行が
教えてくれる
誰かが発言したら
１００％やらなければ
いけないこと

**会議を活性化させるためには、参加者全員が「自分が発言してもいいんだ」という心理的安全性をもてることが非常に重要です。**

逆に「こんなことをいったら、バカにされるんじゃないか」という不安がある状態では、活発な発言なんてできるわけがありません。

**心理的安全性を確保するために大事なことは、誰かが発言したら、すかさずポジティブに反応するということです。**

私はこれを「ポジティブリアクション」とよんでいます。

明石家さんまさんや有吉弘行さんなど、人気の司会者は、テレビ番組を見ているとよく笑いますよね。

あれも、どんな人の発言であってもまず司会者である自分が率先して笑うことで「どんなことを発言してもいいんですよ」という心理的安全性を共演者の人たちに提供している役割を持っているわけです。

会議やミーティングもこれとまったく同じ。

どんな発言であっても、無視されたり否定されたりせず、ファシリテーターである自分が意見の一つとしてちゃんと受け止めますよ、と示すことが、全体の議論を活性化させるために必要なのです。

## ネガティブなものもポジティブに変換

もちろん、たくさんの人が参加している会議やミーティングだと、ちょっと筋違いの発言が出たり、議論を停滞させてしまうような発言が出てくることもあると思います。

そのような発言にも、**すべてポジティブに返答することが大切です。**

そんなときに役立つのは、ネガティブなものをポジティブにする言い換えです。

たとえば、こんな感じです。

●空気が読めない→斬新な考えをする
●視野が狭い→一つの物事を深く考えられる

●ありきたりでつまらない↓王道、定番
●的外れ↓別の角度から物事を考えられる
●話がダラダラ長い↓丁寧な説明
●心配性↓リスク管理がしっかりしている
●消極的↓慎重、思慮深い
●出しゃばり↓積極的
●無謀↓チャレンジング
●重箱の隅をつつく↓こまかい点にもよく気がつく

会議やミーティングで大切なのは、もちろん参加している人たちからたくさんの意見・アイデアをもらうことですが、じつはそれに加えて「参加者の一体感を高める」ということが真の目的でもあります。

だからこそ、参加している人たちが誰も「他人事」にならないように、発言できる環境を整えることがファシリテーターの大事な仕事なのです。

# 会議の目的は「よいアイデア」や「よい結論」を出すことではない

自分以外の他人のモチベーションを引き上げることはとても難しいことで、ある程度の強制力を発揮する必要があります。

たとえば会議や打ち合わせであれば、

「次の会議では○○について、みなさん一人ずつに意見をもらおうと思っています。一言ずつでいいので、準備しておいてください」

と事前に伝えておくなどしましょう。

このやり方、いろいろなメリットがあります。

まずは、なかなか発言しない人からも意見を引き出すことができます。

**そしてもう一つは、世間話をしたり、話が長くなりがちな人の話を制止する理由にもなります。**

話が長くなりそうになったら、

「すみません、今回は参加者全員から一言ずつ意見をもらうことにしているので、いったん次の方の意見を聞いてもいいですか」

といって、切り上げやすいということです。

そして最後に、**全員がなにかしらの発言をすることで、参加した人たちの当事者意識を高めることができる**、というメリットもあります。

むしろ私は、参加者全員からの意見を集めることは、このモチベーションアップの効果のほうがずっと大きいと感じています。

## 意見やアイデアのほとんどは採用されない

正直なところ、いいアイデアというのは、いろいろな人から集めたところでたくさん集めるものではありません。世の中のヒット商品と呼ばれるようなものは、個人のちょっとした思いつきから生まれたことが多いです。

たくさんの人が集まってアイデアを練り合わせても、それがいいものになるわけではない、ということは、社会人の方ならなんとなく実感することも多いのではないでしょうか。

アイデアというのは、1をたくさん集めても、それが10になったり100になったりはしないものです。

だから、いいアイデアを出すという目的だけあれば、じつはセンスのいい、勘所のある人のワンアイデアだけで結論がついてしまう、むしろそのほうが効率的でエッジの立ったものになる、ということがあります。

でも、それでは、そのアイデアを実行に移すときに参加するメンバーのモチベーションは高まりません。誰かが考えたアイデアを実現するためのお手伝いにすぎない、というような意識が働いてしまうからです。

**だからこそ、どんなにつまらなくても、凡庸《ぼんよう》でもいいから、全員からまずは一度意見を出してもらうというプロセスが大事になるのです。**

おそらく、最終的に半分以上の人の意見はまったく取り入れられないような結果になってしまうこともあるでしょう。でも、少なくとも一度は自分のアイデアが議論の俎上《そじょう》にのぼったという事実が大事なのです。

**会議というのは、いい結論を出すことだけが目的なのではなく、むしろその結論に至るまでのプロセスをみんなで共有し、やろうと決めたアイデアを実現させやすくすることにこそ価値があります。**

# ワイドショーの司会者が
# おこなっている
# 「話をふるときの
# 名前を呼ぶタイミング」とは？

会議のとき、特定の人に意見を求めたり、発言を求めたりすることってありますよね。

そのとき、本当にこまかいことなのですが、ちょっとした工夫をひとつするだけで、話を振られた相手が一気に話しやすくなります。

それが、**相手の名前を「最初に呼ぶ」**ということです。

たとえば、次の二つを比べてみてください。


「これはAさんにお聞きしたいんですけど、いまいろいろとスケジュールに関するお話がでましたが、このスケジュールで進行は大丈夫そうでしょうか？」

「いまスケジュールのことに関していろいろとお話が出たと思うんですが、このスケジュールで進行は大丈夫そうでしょうか、Aさん」


この場合、前者の言い方のほうが親切ですよね。

**最初に「Aさん」という名前が呼ばれたので、Aさんは「あ、これは自分に話がふられるんだな」と、この時点で心の準備ができます。**

さらに、そこから実際の質問までにも数秒あります。

そのため、Aさんはその間に「さて、どう答えようかな」ということを考える時間が得られるのです。

これが後者になると、スケジュールの話をしたいということはわかるのですが、誰に話をふるのかがわかるのが、最後に来ていますよね。

そうすると、**Aさんは「あ、これは自分にふられていた話だったんだ」とびっくりしてしまうかもしれません。**

場合によっては、その前までの話をあまり真剣に聞いていないせいで、状況がきちんと判別できていないまま、あいまいな答え方をしてしまうこともありえるでしょう。

## 宮根誠司がやっているテクニック

**このときに大事なのは、ただ相手の名前を呼ぶだけではなく、その人にどういうリアクションを求めるのかを提示することです。**

つまり、話をふられた相手が求められるのは**「意見」**なのか、**「感想」**なのか、**「可不可の判断」なのか、ということ**ですね。

名前を呼びつつ、相手に求めるリアクションを会話の冒頭でしっかり明示すると、相手も心の準備ができるし、なにを話すか考える時間稼ぎができるので、会議がスムーズかつ有意義なものにしやすくなります。

こうしたテクニックは宮根誠司さんなど情報番組の司会者たちはよく使っています。

ニュースやワイドショーなどの情報番組は、最新の情報を扱うため生放送をしていますよね。そのため、収録したあとに編集できるバラエティ番組よりも、よりスムーズな会話が求められます。

そうした場面で、司会者は必ず「このニュースについては○○さんの意見を伺いたいんですが、いま○○が○○で○○っていうことでしたよね――」という聞き方をしています。

このように、コメンテーターにしっかり考えてコメントしてもらえるように、相手の名前を呼びつつ、情報を整理して時間稼ぎをしているのです。

ぜひ皆さんも会議で真似してみてください。

# 第8章

# 気まずくならない
# 「断り方」のキーポイント

# 人が断ることを苦手としている根本的な原因

断るのが苦手な人はたくさんいます。そもそも、なぜ人は誘いを断ることに罪悪感を抱くのでしょうか。それは「ウソをつかないといけない」からです。

**じつは、誰しもとくに罪悪感を抱かず断れるシチュエーションがあります。**

**それは、「本当にどうしようもない理由で断るとき」です。**

たとえば、「明日の昼からキャンプに行こう」と誘われても、「いやいや、明日は平日で、会社で仕事してるからムリですよ」と断るのにまったく罪悪感は抱きませんよね。

問題なのは、「来週の日曜にキャンプに行こう」と誘われたけれど、気乗りしないから行きたくないケースです。当然、「行きたくないです」といえば角《かど》が立ってしまうので、なにかしら別の理由を考えなければいけません。

相手の心情を慮《おもんぱか》ってウソをつかなければいけないシチューエーションになるから、罪悪感を抱いたり、気が重くなってしまうわけです。

しかし、たとえウソをついてでも断るのは、悪いことではありません。自分の都合を優先させてうまく相手の誘いを断ることは必要なことです。**大事なのは、断るときに自分の罪悪感を軽減しながら、うまく相手の誘いを断る手法を身につけることなのです。**

# 断る前に絶対に付け加えるべき一言がある

相手からの誘いを断るとき、ついつい

「すみません」

と切り出して、すぐに断ってしまう人がほとんどです。

でも、その前にちょっとした感謝を伝えれば、それだけで印象がガラリと変わります。

たとえば、

「お誘いくださってありがとうございます！　でも……すみません～」

このように、**まずは自分を誘ってくれたことに対する感謝を相手に伝え、それから断るというステップを踏むだけでも、相手が受ける印象は大きく変わります。**

また、**できれば断ったあとに、なにか代替案を提案できればベターです。**

たとえば、

「その日はダメなんですが、○日なら大丈夫です」

「どうしても行けないので、お花だけ送らせてください」

「**①感謝→②断り→③代替案**」というのが断り方のひとつの定型なので、まずはこれを覚えてしまいましょう。

# 断り文句を「ストック」しておこう

多くの人が悩むのは、どういう理由で断るか……つまりどういうウソをつくかでしょう。いくら悪気がないとはいえ、パッとウソがすぐつける人はあまりいません。

そのため、**あらかじめ自分のなかで「行けない理由」をストックしておくことが効果的です。そのときは、ある程度具体的に答えられるようにしておいたほうがいいでしょう。**

候補としては、

**・自分で都合を動かしにくいもの**
**・優先させても仕方ないもの**

がよいです。

たとえば、習い事をしている人であれば「その日は講座があって……」でもいいですし、「試験が近いので勉強の時間に充《あ》てたくて……」などでもかまいません。

あるいは家族がいる方なら「その日は子どもといっしょに遊びに行く約束をしていて……」などが考えられます。

どんな理由がいいかは人によって変わりますが、とにかく大事なのは、パッとすぐに答えられるように、断る理由を事前にストックしておくことです。

うまく断れる人は
〇〇〇〇を大事にしている

これまでのポイントとリンクしますが、**断るときはすぐに断ることがとても大事です。**

ヘタに返事が遅くなると、相手に期待をもたせることになります。待たせて、期待をもたせてから断ると、相手の心象は悪くなりますよね。

それに、すぐに返事をしないと、相手にも迷惑がかかるかもしれません。

たとえば、あなたがすぐに断ってくれれば、すぐに別の人を誘うことができたかもしれないのに、返事が保留だと、相手も次の行動が取れずに困ってしまうのです。

**断り文句の定型文を覚えたり、言い訳のストックを用意しておいたりするのは、言い換えれば素早く断るための手段である、ともいえます。**

相手の都合を考えるなら、モヤモヤして返事を遅らせてしまうよりも、定型文でスパっと断ってしまったほうが相手のためになります。

断っても気まずくならない人、断っても嫌われない人は、断るときほど返事をする「スピード」をとても大事にしています。

# おわりに

まず初めには前著『超一流の会話力』を購入してくださった方に感謝申し上げます。この本が売れていなければこの第二弾は出版できなかったと思います。

そしてあわせて、講演に呼んでくださった企業、団体の皆様、本当に感謝しております。講演会での質疑応答がこの本のベースになりました。

そして、こんな僕に2冊も本を出版させてくださったきずな出版の皆様にも感謝しております。

この本を書いた想いは「そもそもの考え方を見直すべきではないか?」ということでした。

たとえば、

・人前で緊張することはいけないことなのか？
・沈黙ができるとなぜ気まずいと思ってしまうのか？
・なぜ嘘臭く思われると感じ、褒めるという行為を控えてしまうのか？

僕は、「緊張は好印象」「沈黙を埋めることこそが一番リスクがある」「おべんちゃらだと思われても褒めた方がいい」と本気で思います。こういう考え方で生きていくと、随分と人間関係がラクになります。

芸能活動を自粛して以来、多くの方々の支援によりなんとか生きてこれました。

これからの第二の人生は誰かの役に立ちたいという一心で頑張っていく所存です。

この本を手に取って、少しでも皆様のコミュニケーションの悩みが解消することを祈っています。

渡部　建

## 著者プロフィール

1972年、東京・八王子生まれ。1993年、神奈川大学在学中に高校の同級生であった児嶋一哉に誘われ、お笑いコンビ「アンジャッシュ」を結成。2003年、NHK『爆笑オンエアバトル』五代目チャンピオンに輝き、日本テレビ『エンタの神様』などのネタ番組では“コント仕掛け”のスペシャリストと呼ばれる。現在はコミュニケーションをテーマにした企業向けの研修などを積極的に行っている。著書に『超一流の会話力』（きずな出版）、『ホメ渡部！「ほめる奥義」「聞く技術」』（小学館）などがある。

世界一わかりやすい
コミュニケーションの教科書

2023年10月20日　初版第1刷発行

著　者　渡部 建
発行者　櫻井秀勲
発行所　きずな出版
東京都新宿区白銀町 1-13
電話 03-3260-0391　振替 00160-2-6333551
https://www.kizuna-pub.jp/

印　刷　モリモト印刷


ISBN974-86663-204-9

## 購入者限定特典

# 「未公開原稿」プレゼント！

『世界一わかりやすい コミュニケーションの教科書』を
最後までお読みくださり、ありがとうございます。
本書には制作途中で惜しみつつカットした「未公開原稿」があります。
この度、感謝の気持ちを込めて、未公開原稿を PDF ファイルで
プレゼントさせていただきます！
ぜひ、ご活用くださいませ。

未公開原稿

「『二度目まして』が苦手だという悩みを
解決するカンタンな方法」

原稿を読む↓

※特典の配布は予告なく終了することがございます。予めご了承ください。
※未公開原稿の PDF ファイルはインターネット上のみでの配信になります。